BEI GRIN MACHT SICH IHR WISSEN BEZAHLT

AF144634

- Wir veröffentlichen Ihre Hausarbeit,
  Bachelor- und Masterarbeit

- Ihr eigenes eBook und Buch -
  weltweit in allen wichtigen Shops

- Verdienen Sie an jedem Verkauf

Jetzt bei www.GRIN.com hochladen und kostenlos publizieren

GRIN

Bibliografische Information der Deutschen Nationalbibliothek:

Die Deutsche Bibliothek verzeichnet diese Publikation in der Deutschen National-bibliografie; detaillierte bibliografische Daten sind im Internet über http://dnb.d-nb.de/ abrufbar.

Impressum:

Copyright © 2014 GRIN Verlag, Open Publishing GmbH
Druck und Bindung: Books on Demand GmbH, Norderstedt Germany
ISBN: 978-3-668-08891-7

Dieses Buch bei GRIN:

http://www.grin.com/de/e-book/272922/designed-in-california-assembled-in-china-herstellungsbedingungen-von

Dominik Fisch

Designed in California, Assembled in China. Herstellungsbedingungen von Apple-Produkten

GRIN Verlag

Städtisches Gymnasium Erwitte

Leistungskurs Sozialwissenschaften

Jahrgangsstufe Q1

Schuljahr 2013/14

Designed in California - Assembled in China
Befunde zu den Herstellungsbedingungen von Apple-Produkten und Reaktionen darauf

Dominik Fisch

Inhaltsverzeichnis

1. Einleitung

Die folgende Facharbeit im Fach Sozialwissenschaften befasst sich unter dem Titel „Designed in California - Assembled in China; Befunde zu den Herstellungsbedingungen von Apple-Produkten und Reaktionen darauf" mit den Herstellungsbedingungen von Apple-Produkten in chinesischen Fabriken. Welche Reaktionen dies in der Bevölkerung und den Medien erregt und wie Apple selber mit diesem Thema umgeht.

Die These, die ich mit Verlauf dieser Arbeit beantworten möchte, lautet wie folgt:

Die Arbeitsbedingungen in den chinesischen Fabriken der Apple-Produzenten sind schlecht. Jedoch ergreift Apple Maßnahmen gegen diese Entwicklung.

Dazu werde ich anfangs das Unternehmen Apple als Global Player vorstellen, indem ich die betriebswirtschaftlichen Basisdaten des Unternehmens darstelle. Anschließend benenne ich die Vertragspartner von Apple und analysiere die Herstellungsbedingungen in den chinesischen Fabriken. Als nächsten Schritt werden die Reaktionen der verschiedenen Parteien, die in diesem Konflikt involviert sind, ausgewertet. Bei den Reaktionen Apples werde ich auch auf die Konsequenzen eingehen, die bis jetzt schon von diesem Unternehmen gezogen worden sind.

Da es mir wichtig ist, vertrauenswürdige Quellen zu benutzen, beziehe ich mich zur Beantwortung des Themas meiner Arbeit auf Artikel aus den Online-Ausgaben renommierter Zeitungen und Zeitschriften, wie zum Beispiel „Spiegel", „Handelsblatt", „Die Zeit" oder „Der Standard" aus Österreich. Des Weiteren verwende ich den von Apple in Auftrag gegebenen Fortschrittsbericht 2013, sowie eine Statistik von Apple zu den Vertragspartnern der Firma. Zur Angabe der betriebswirtschaftlichen Daten Apples zu Anfang der Arbeit verwende ich die von amerikanischen Wirtschafts-zeitschrift „Forbes" veröffentlichte Statistik zu Apple.

2. Apple - Ein Global Player

2.1 Betriebswirtschaftliche Basisdaten zu Apple

iPod, iPhone, iPad, iMac, MacBook. Wer kennt diese Namen nicht? Dies sind alles Produkte des amerikanischen Unternehmens Apple. Angefangen hat alles im Jahr 1976, als Steve Jobs zusammen mit Steve Wozniak und Ronald Wayne das Unternehmen Apple gründete, wobei Wayne nach sehr kurzer wieder aus dem Unternehmen ausstieg. Jobs und Wozniak entwickelten ihren ersten Computer, den Apple I, welchen sie erfolgreich verkaufen konnten, sodass kurze Zeit später mit dem Apple II ein weiterer Erfolg gelandet werden konnte. Im Jahr 1984 stellte Apple den ersten Macintosh vor, mit dem das Zeitalter der Personal Computer gestartet werden sollte. Jedoch scheiterte der Macintosh, auch aufgrund des sehr hohen Preises. Aufgrund von Streitigkeiten zwischen dem von Jobs eingestellten Geschäftsführer John Sculley und Steve Jobs selbst, musste dieser 1985 sein eigenes Unternehmen verlassen, woraufhin er im selben Jahr seine neue Firma NeXT gründete. In der Zeit von 1985 bis 1996 stellte Apple mehrere teilweise auch erfolgreiche Produkte vor, jedoch sanken die Gewinnmargen, sodass Apple kurz vor der Zahlungsunfähigkeit stand. Ende 1996 übernahm Apple Steve Jobs' neues Unternehmen NeXT, womit Jobs auch neuer CEO von Apple wurde und die Firma komplett sanierte. Außerdem schloss er 1997 einen Deal mit dem Hauptkonkurrenten Microsoft ab, welcher Apple mehrere Millionen Euro einbrachte.

2001 präsentierten sie schließlich den ersten iPod, einen kleinen MP3-Player, der für damalige Verhältnisse seiner Zeit sehr weit voraus war. Mit dem iPod konnte Apple einen neuen Markt für MP3-Player schaffen, den es zuvor noch nicht gegeben hatte. In seiner Rolle als Vorreiter präsentierte Apple 2007 das iPhone. Dieses Gerät kombinierte eine Uhr, einen Taschenrechner, Notizblock, MP-3 Player, Internetkommunikation und Telefon in nur einem einzigen Gerät. In der heutigen Gesellschaft sind Smartphones quasi nicht mehr wegzudenken, weil schon sehr viel Verantwortung auch auf den kleinen Alleskönnern liegt.

Da es bis dato kein vergleichbares Gegenstück zum iPhone gab, konnte sich Apple eine gewisse Vormachtstellung im Smartphone-Segment erarbeiten und große Erfolge mit dem iPhone feiern. Basierend auf diesen Erfolgen wagte Apple 2010 einen weiteren Schritt in unbekanntes Terrain. Sie präsentierten der Weltöffentlichkeit das iPad, welches das Zeitalter der mobilen Tablet-PCs begründete.[1] Apple stieg zur wertvollsten Marke der Welt auf und wurde zum wertvollsten Unternehmen der Welt.

Apple hat aktuell einen Börsenwert von 303,26 Mrd. €, fährt mit seinem Produktsortiment einen Umsatz von ca. 119, 88 Mrd. € ein und der Gewinn liegt bei ca. 30, 39 Mrd. €. Nachdem Apple Ende der 90er Jahre beinahe pleite war, hat sich bis jetzt wieder ein Barvermögen von knapp

---

[1] vgl. N. N.: iGenius - Wie Steve Jobs die Welt veränderte, in: N24, URL: https://www.youtube.com/watch?v=FzKLUGYnZUE (Stand: 28.02.2014)

99,8 Mrd. € angehäuft. Des weiteren beschäftigt Apple zurzeit 72.800 Mitarbeiter, mit Geschäftsführer Tim Cook an der Spitze, der das Amt 2011 von Firmengründer Steve Jobs übernommen hatte.[2]

Aufgrund des guten Image kann Apple es sich weiterhin leisten, seine Produkte im Hochpreissegment zu platzieren, die von der treuen Anhängerschaft auch bezahlt werden. Jedoch muss sich Apple zunehmend mit Kritiken zu den Herstellungsbedingungen seiner Produkte auseinandersetzen, wo wir auch schon beim Thema dieser Arbeit angelangt sind. Im folgenden Teil wird nun die Herstellung der Apple-Produkte in Asien herausgestellt.

2.2 Befunde zur Herstellung von Apple-Produkten in Asien

2.2.1 Vertragspartner von Apple

Apple hat insgesamt mehr als 200 Hauptlieferanten, die ihre Fertigungsstätten vornehmlich auf dem asiatischen Kontinent haben, jedoch auch auf dem nordamerikanischen und dem europäischen Kontinent. Zu den größten Produzenten von Apple-Produkten zählen zum Beispiel die Hon Hai Precision Industry Co. Ltd., besser bekannt als Foxconn, oder dessen Wettbewerber Pegatron. Diese Unternehmen haben ihren Firmensitz jeweils in Taiwan, fertigen jedoch in China, wie es die meisten Zulieferer machen. Produziert wird das komplette Portfolio, von Macs über iPods, iPhones, iPads oder auch Zubehörteile. Neben China ist Japan das Land mit den zweitmeisten Fertigungsstätten Apples', mit einem großen Vorsprung vor anderen Staaten wie USA, Singapur oder Korea. Typische Beispiele japanischer und koreanischer Zulieferer sind Sony Corp., LG Display Co. Ltd., Samsung oder Toshiba Corp. Als US- oder europäische Lieferanten sind u.a. die Halbleiterhersteller Intel Corp. mit Sitz im Silicon Valley sowie Maxim Integrated Productions Inc. in den USA oder Infineon Technologies AG mit Sitz in Deutschland zu nennen.[3] [SL214] Man muss jedoch zwischen Endproduzenten und den jeweiligen Einzelteilherstellern unterscheiden. In der heutigen Zeit herrscht eine „wachsende weltweite Arbeitsteilung"[4], eine Folge der Globalisierung, wobei „Einzelteile [...] aus aller Welt

---

[2] vgl. N. N.: Apple on the Forbes World's Most Valuable Brands List, in: Forbes. URL: http://www.forbes.com/companies/apple/ (Stand: 16.02.2014)

[3] N.N.: Supplier List 2014, URL: http://images.apple.com/supplier-responsibility/pdf/Apple_Supplier_List_2014.pdf (Stand: 06.03.2014)

[4] Storbeck, Olaf: Die Logik der iPhone-Ökonomie, in: Handelsblatt. URL: http://www.handelsblatt.com/politik/oekonomie/nachrichten/wirtschaftswissenschaften-die-logik-der-iphone-oekonomie/3828482.html (26.02.2014)

zugeliefert und in Billiglohnländern zusammengeschraubt [werden]"[5]. Im Fall von Apple werden „sämtliche Einzelteile […] aus anderen Ländern nach China gebracht, dort zusammengesetzt und dann wieder exportiert."[6] Dies erklärt auch die Vormachtstellung Chinas, wenn es um die Produktion von Apples Portfolio geht.

2.2.2 Arbeitsbedingungen und Gehaltsniveau in Asien

China ist eines der Billiglohnländer, in denen große Unternehmen ihre Produkte gerne herstellen lassen, da die Arbeitskräfte dort wesentlich billiger sind, als es in den gut entwickelten Industriestaaten der Fall ist. Das ist eine Konsequenz der Globalisierung, in der Unternehmen mit weltweiten Verbindungen ihre Produkte dort fertigen lassen, wo dieses so billig wie möglich ist.

Auch Apple ist ein sogenannter Global Player, der seine Produkte in den asiatischen Staaten herstellen lässt, um die Herstellungskosten so gering wie möglich zu halten, sodass die Gewinnmarge für die Produkte im Endeffekt maximal ausfallen kann. Der Großteil aller Apple-Produkte wird von Foxconn und Pegatron hergestellt. Besonders in diesen beiden Firmen sollen auch die Arbeitsbedingungen ungemein schlimm sein. Ob dies auch der Fall ist, wird im folgenden Teil herausgearbeitet.

Apple hat für alle seine Zulieferer einen sogenannten „Verhaltenskodex für Zulieferer" entwickelt. Dieser sieht vor, dass die Wochenarbeitszeit 60 Stunden nicht überschreiten darf, wobei „in der Vergangenheit […] Wochenarbeitszeiten von über 60 Stunden […] eher die Regel als Ausnahme [waren]"[7]. Zeit Online bezeichnet diese Verhältnisse als „skandalöse Arbeitsbedingungen"[8], da „sogar Schwangere für einen Billiglohn bis zu elf Stunden täglich und 66 bis 69 Stunden pro Woche arbeiten"[9] müssen. Das sei überhaupt nicht vertretbar und widerspreche Apples' Verhaltenskodex. Es gibt zwar „offiziell eine Stunde Pause, tatsächlich dauert [diese

---

[5] ebd.
[6] ebd.
[7] vgl. N. N.: Fortschrittsbericht zur Verantwortung der Zulieferer, S. 17. URL: http://images.apple.com/de/supplierresponsibility/pdf/Apple_Supplier_Responsibility_2013_Progress_Report.pdf (Stand: 27.02.2014)
[8] N. N.: Schlimmer als bei Apple-Zulieferer Foxconn, in: Zeit Online. URL: http://www.zeit.de/wirtschaft/unternehmen/2013-07/apple-pegatron-menschenrechte/komplettansicht (Stand: 27.02.2014)
[9] ebd.

6

allerdings] nur halb so lang"[10]. Pegatron breche „eine große Zahl internationaler und chinesischer Gesetze und Standards sowie den von Apple ausgegeben Verhaltenskodex"[11] lediglich, „um an Aufträge von Apple heranzukommen"[12]. Diese Fakten zeigen sehr deutlich, wie gnadenlos die Produzenten mit ihren Mitarbeitern umgehen, um höchstmöglichen Profit erzielen zu können. Am Ende ist es jedoch Apple, welches mit diesen Problemen konfrontiert wird, da es Apple ist, welches die Aufträge an diese Firmen vergibt. Und das, obwohl Apple von diesen katastrophalen Arbeitsbedingungen weiß. Der Satz „Apple erfüllt seine eigenen Standards nicht"[13] von Li Qiang, Direktor der Menschenrechtsorganisation China Labor Watch, verdeutlicht, dass Apple seinen eigens aufgestellten „Verhaltenskodex für Zulieferer" nicht einhält.

In den Fabriken ist es „extrem laut, es [stinkt] nach Chemikalien und es [gibt] keine Erste-Hilfe-Koffer"[14]. Es gibt zwar Arbeitskleidung für alle Mitarbeiter, jedoch schützt diese nicht vor den giftigen Dämpfen, die möglicherweise auch gesundheitliche Schäden mit sich ziehen können.[15] Neben diesen Verstößen gegen Arbeitsrechte findet auch Diskriminierung gegen bestimmte Gruppen in den Fabriken statt. Schon die Tatsache, dass Schwangere arbeiten müssen, ist Diskriminierung genug. Jedoch werden Bewerber allein schon abgelehnt, weil sie z.B. Tibeter sind oder ein Tattoo besitzen. Mitarbeiter werden von ihren Gruppenführern mit „Fick deine Mutter"[16] oder als „dumme Fotze"[17] beleidigt oder sie hören „‚Verpiss dich doch, wenn du hier nicht arbeiten willst!'"[18].

Hinzu kommt ein nur sehr geringer Lohn für die Mitarbeiter. Eine normale Foxconn-Arbeiterin verdient bei einem Stundenlohn von ca. 0,90 € für monatlich 240 Arbeitsstunden in etwa 210 €[19]. Wintek, ebenfalls eine Firma, die Produkte für Apple produziert, zahlt, an sieben Tagen die

---

[10] Wagner, Wieland: Der Fluch des iPhones, in: Spiegel Online. URL: http://www.spiegel.de/spiegel/a-748206.html (Stand: 13.11.2013)
[11] N. N.: Schlimmer als bei Apple-Zulieferer Foxconn, in: Zeit Online. URL: a.a.O.
[12] ebd.
[13] ebd.
[14] Schmundt, Hilmar/ Zand, Bernhard: Die dunkle Seite des Kults, in: Der Spiegel 31/2013, S. 67
[15] vgl. Wagner, Wieland: a.a.O.
[16] Schmundt, Hilmar/ Zand, Bernhard: Die dunkle Seite des Kults, in: Der Spiegel 31/2013, S. 67
[17] ebd.
[18] ebd.
[19] vgl. Koch, Hannes: Fragwürdige Arbeitsbedingungen - Apple und seine iPhone-Produktion in China, in: Der Westen. URL: http://www.derwesten.de/wirtschaft/fragwuerdige-arbeitsbedingungen-apple-und-seine-iphone-produktion-in-china-id7091292.html (Stand: 27.02.2014)

Woche bei zwölf Stunden pro Tag mit Überstunden, ebenfalls nur ca. 220 €[20]. Bei Pegatron bekommt ein normaler männlicher Arbeiter für seine acht Stunden Kernarbeitszeit ca. 1,20 € die Stunde, sowie 1,80 € für zweieinhalb Überstunden und Wochenendschichten. Das ergibt im Endeffekt ca. 392 € pro Monat[21]. Davon einmal abgesehen, dass diese Löhne in Deutschland nicht zu einem normalen Leben reichen würden, können sich die chinesischen Arbeiter damit „ein relativ bescheidenes Leben"[22] finanzieren. Diese geringen Gehälter ermöglichen Apple eine sehr hohe Marge zu erwirtschaften. Im Jahr „2011 betrugen die Arbeitskosten eines iPhones im Verhältnis zu dessen Verkaufspreis [...] drei Prozent"[23]. Dazu passt sehr gut ein Zitat von Li Qiang: „Apple hat diese Fabriken gewählt, weil sie zu noch geringen Kosten produzieren - aber den Preis dafür zahlen die Arbeiter."[24] Und jährlich zahlen viele Mitarbeiter für diese unwürdigen Umstände mit dem Tod, entweder durch Suizid[25], Krankheit aufgrund der giftigen Gase oder Überarbeitung[26]. Doch trotz all dieser Zustände für die Arbeiter, greifen die Kunden weiterhin unbeeindruckt zu Apples' Geräten.[27]

3. Reaktionen auf die Kritik an den Produktionsbedingungen

3.1 Protestaktionen in den Betrieben

Nun könnte man natürlich denken, dass die Arbeiter in den Fabriken auf die Barrikaden gehen und gegen diese Arbeitsbedingungen protestieren und rebellieren, doch dem ist jedoch nicht so. Der von den Arbeitern ausgehende Protest ist lediglich sehr minimal.

---

[20] vgl. Wagner, Wieland: Der Fluch des iPhones, in: Spiegel Online. URL: http://www.spiegel.de/spiegel/a-748206.html (Stand: 13.11.2013)
[21] Schmundt, Hilmar/ Zand, Bernhard: a.a.O.
[22] Koch, Hannes: a.a.O.
[23] ebd.
[24] Schmundt, Hilmar/ Zand, Bernhard: a.a.O.
[25] vgl. Wagner, Wieland: a.a.O.
[26] Schild, Sascha: Pegatron: 15-jähriger Arbeiter stirbt nach iPhone 5c-Herstellung, in: Apfelpage. URL: http://www.apfelpage.de/2013/12/11/pegatron-15-jaehriger-arbeiter-stirbt-nach-iphone-5c-herstellung/ (Stand: 11.12.2013)
[27] Koch, Hannes: Fragwürdige Arbeitsbedingungen - Apple und seine iPhone-Produktion in China, in: Der Westen. URL: http://www.derwesten.de/wirtschaft/fragwuerdige-arbeitsbedingungen-apple-und-seine-iphone-produktion-in-china-id7091292.html (Stand: 27.02.2014)

Nachdem mehrere Arbeiter in einer Fabrik schwer erkrankt waren, haben sie „einen Brief ge-schrieben […] ins ferne Kalifornien"[28], indem sie gefordert haben, dass sich Apple „schriftlich bei ihnen entschuldigen und langfristig ihre Versorgung garantieren [soll]"[29]. Diese Art des Protests veranschaulicht schon sehr gut, wie verängstigt die Mitarbeiter wegen möglicher Stra-fen sind, die gegen sie wegen des Protests verhängt werden könnten. Darüber hinaus gibt es auch Arbeiter, die aufgrund des rauen Tons in den Fabriken ihre Jobs kündigen.[30] Die andere Seite des Protests der Arbeiter ist schon um einiges grausamer, als das Verfassen eines Briefes oder eine Kündigung. Die Rede ist vom Problem der Suizide in den Fabriken von Foxconn und Co. Schon im Jahr 2010 gab es mindestens 13 Freitode, die auf die schlechten Arbeitsbedin-gungen zurück-zuführen waren[31]. Doch auch heute noch existiert dieses Pro-blem für die Her-steller, ebenso natürlich auch für Apple selbst, die von ihren Kunden im Endeffekt für diese Zustände verantwortlich gemacht werden. Im April 2013 be-gingen wieder zwei junge Männer und eine junge Frau Selbstmord, wenn auch die genauen Gründe für diese Taten noch unklar sind[32]. Allerdings sind auch hier die schlechten Arbeitsbedingungen als Grund für die Suizide zu vermuten.

Immerhin steht für die Mitarbeiter in den Fabriken „eine Hotline sowie ein Beschwerdebrief-kasten zur Verfügung"[33], jedoch traut sich so gut wie niemand, einen Beschwerdebrief an die Geschäftsleitung zu verfassen, geschweige denn bei der Hotline anzurufen[34]. Im Zuge eben genannter Vorfälle ist Foxconn einigen Medienberichten zufolge dazu bereit, „Wahlen für eine Art Betriebsrat seiner Angestellten in China [vorzubereiten]"[35], was „in einer großen Firma im

---

[28] Wagner, Wieland: Der Fluch des iPhones, in: Spiegel Online. URL: http://www.spiegel.de/spiegel/a-748206.html (Stand: 13.11.2013)

[29] ebd.

[30] Schmundt, Hilmar/ Zand, Bernhard: a.a.O.

[31] vgl. N. N.: Drei Foxconn-Mitarbeiter springen in den Tod, in: Focus Online. URL: http://www.fo-cus.de/panorama/vermischtes/selbstmorde-bei-dem-apple-zulieferer-drei-foxconn-mitarbeiter-springen-in-den-tod_aid_994049.html (Stand: 28.02.2014)

[32] vgl. N. N.: Drei Foxconn-Mitarbeiter springen in den Tod, in: Focus Online. URL: http://www.fo-cus.de/panorama/vermischtes/selbstmorde-bei-dem-apple-zulieferer-drei-foxconn-mitarbeiter-springen-in-den-tod_aid_994049.html (Stand: 28.02.2014)

[33] Schmundt, Hilmar/ Zand, Bernhard: a.a.O.

[34] vgl. ebd.

[35] N.N.: Apple-Zulieferer: Drei weitere Selbstmorde, in: t-online. URL: http://www.t-online.de/wirtschaft/boerse/aktien/id_63457984/apple-zulieferer-foxconn-drei-weitere-selbstmorde-in-china.html (Stand: 28.02.2014)

Reich der Mitte bislang einmalig [wäre]"[36]. Auch langfristig hätte ein Betriebsrat weitreichende positive Folgen auf die Arbeitsbedingungen, vorausgesetzt er kann seinen Aufgaben nachkommen, ohne von der Geschäftsführung oder dem Staat China in seinem Tätigkeitsfeld eingeschränkt oder beeinflusst zu werden.

3.2 Reaktionen der internationalen Zivilgesellschaft

Der Grund, warum die Welt von all diesen Missständen überhaupt erst erfahren hat, sind internationale Zivilgesellschaften, Nichtregierungsorganisationen, kurz NGOs. NGOs sind nichtstaatliche Organisationen, die sich vorwiegend für Menschenrechte, Entwicklungspolitik oder humanitäre Hilfe einsetzen. Allerdings gehören NGOs keinen politischen Parteien an, sondern sind ganz eigene Institutionen[37]. Die NGO, die sich maßgeblich mit den Arbeitsbedingungen in den chinesischen Fabriken auseinandersetzt, ist die in New York ansässige Arbeitsschutzorganisation China Labor Watch (CLW), welche sich stark für die Rechte von chinesischen Arbeitern einsetzt.

China Labor Watch war und ist für die Arbeiter der Fabriken ein Sprachrohr, indem sie verdeckt Interviews mit Arbeitern führt, eigene Testpersonen in die Fabriken schickt, um eigene Untersuchungen anzustellen und diese in Berichten zusammenfasst, um sie dann öffentlich zu machen[38]. Mit ihrem Material will sie schließlich „den Druck auf die Marken aufrecht [erhalten], transparenter zu werden und zu handeln"[39]. Damit konnten sie auch schon einige Etappenziele er-reichen. Zum Beispiel hat sich Apple dafür eingesetzt, dass nicht richtig entlohnte Studenten, nachträglich ihren vollen Lohn bekommen haben und Apples Konkurrent Samsung wurde zu einem öffentlichen Versprechen zur Verbesserung der Arbeitsbedingungen gebracht[40]. Ebenso hat China Labor Watch „eine Hotline für die Arbeiter von 110 Fabriken eingeführt und über

---

[36] ebd.
[37] N. N.: Nicht-Regierungsorganisationen (NGOs), in: bpb. URL: http://www.bpb.de/wissen/3UD6BP,0,0,NichtRegierungsorganisationen_(NGOs).html (Stand: 02.03.2014)
[38] N. N.: Schlimmer als bei Apple-Zulieferer Foxconn, in: Zeit Online. URL: http://www.zeit.de/wirtschaft/unternehmen/2013-07/apple-pegatron-menschenrechte/komplettansicht (Stand: 27.02.2014)
[39] N. N.: China Labor Watch: Europäische Behörden müssen bessere Arbeitsbedingungen in China durchsetzen; zitiert nach Slaten, Kevin, in: Heise Online URL: http//www.heise.de/ct/artikel/China-Labor-Watch-Europaeische-Behoerden-muessten-Arbeitsbedingungen-in-China-durchsetzen-2120953.html (Stand: 02.03.2014)
[40] ebd.

4000 Beschwerden bearbeitet"[41]. Zur Verbesserung der Arbeitsbedingungen wurde ein NGO-Verband gegründet, Electronics Watch, der weitere Untersuchungen durchführt, die sich insbesondere auf die Arbeiter konzentriert. Dieser Initiative gehört China Labor Watch zwar nicht an, dennoch agiert sie als beratende Instanz[42]. Hinzukommt, dass China Labor Watch um Spenden für Familien bittet, die Familienmitglieder durch Unfälle etc. verloren haben[43]. Dies sind schon alles sehr positive Errungenschaften, auf denen sich China Labor Watch jedoch nicht ausruhen möchte, da es auch weiterhin noch massenhaft Missstände gibt, die es zu beseitigen gilt.[44]

3.3 Reaktionen der internationalen Medien

Neben den NGOs sind auch die internationalen Medien ein wichtiger Faktor in diesem Geschehen. Wenn die NGOs das Sprachrohr für die Arbeiter sind, sind die Medien das Sprachrohr der NGOs. Nur über die internationalen Medien schaffen es die NGOs, ihre Berichte zu veröffentlichen und der Weltöffentlichkeit zu präsentieren. Durch die Medien haben die NGOs die Möglichkeit, ihren Druck auf die Konzerne auszuüben. Eine Vielzahl an anerkannten Zeitungen und Zeitschriften beziehen sich in ihren Artikeln auf Untersuchungen von China Labor Watch. Doch nicht nur die Zivilgesellschaften führen Untersuchungen in den Fabriken durch. Sondern auch die Medien. So zum Beispiel die ARD in ihrem Format „Markencheck", indem sie auch Apple etwas genauer unter die Lupe nahmen. Die ARD interviewte ebenfalls Mitarbeiter und schaute hinter die Kulissen[45]. Die Ergebnisse gleichen denen zum Beispiel von China Labor Watch.

---

[41] ebd.

[42] vgl. ebd.

[43] Schild, Sascha: Pegatron: 15-jähriger Arbeiter stirbt nach iPhone 5c-Herstellung, in: Apfelpage. URL: http://www.apfelpage.de/2013/12/11/pegatron-15-jaehriger-arbeiter-stirbt-nach-iphone-5c-herstellung/ (Stand: 11.12.2013)

[44] N. N.: China Labor Watch: Europäische Behörden müssen bessere Arbeitsbedingungen in China durchsetzen, in: Heise Online, URL: a.a.O.

[45] N. N.: Der Apple-Check, in: DasErste. URL: http://www.daserste.de/information/reportage-dokumentation/markencheck/sendungen/apple-100.html (Stand: 02.02.2014)

3.4 Reaktionen von Apple

3.4.1 Veränderungen der Arbeitsbedingungen

Aufgrund all dieser Ergebnisse unterschiedlichster Untersuchungen von NGOs als auch der Medien hatte Apple im Jahr 2010 versprochen, die Arbeitsbedingungen bis zum 1. Juli 2013 zu verbessern[46]. Inwieweit Apple seinem Versprechen nachgekommen ist, wird nun im folgenden Teil herausgestellt.

Apple ist im Jahr 2012 „als erstes Technologieunternehmen der Fair Labor Association (FLA) beigetreten"[47]. Die Fair Labor Association ist ein „Zusammenschluss von Hochschulen, Nicht-regierungsorganisationen und Unternehmen, die sich dafür einsetzen, die Zufriedenheit, Sicherheit und faire Behandlung von Arbeitern und den Respekt gegenüber Arbeitern zu verbessern."[48] Apple beauftragte die FLA den größten Endfertigungspartner Apples', Foxconn, zu untersuchen, um, mit Empfeh-lungen der FLA, Korrekturmaßnahmen bei Foxconn treffen zu können. Hierzu zählen zum Beispiel Schulungen der Arbeiter zu Gesundheits- und Sicherheits-themen, die Überarbeitung des Praktikumsprogramms[49]. Ebenfalls bezuschusst Apple sein SEED Programm (Supplier Education and Development), „das Arbeitern die Chance gibt, kos-tenlos Betriebswirtschaft zu studieren, ihre Computerkenntnisse zu verbessern, Sprachen zu lernen"[50]. Ebenfalls wurden Partnerschaften mit Universitäten geschlossen, „um Arbeitern eine hochwertige Fortbildung und weiterführende Abschlüsse zu ermöglichen"[51]. Ansonsten hat Apple „Hotlines und eine Art von Betriebsräten"[52] ins Leben gerufen, um die Kommunikation zwischen Arbeitern und Managern zu fördern.

Darüber hinaus versucht Apple auch bei den Arbeitszeiten seinen Vorgaben aus seinem Ver-haltenskodex näher zukommen. Dieser sieht vor, dass die Arbeiter maximal 60 Stunden pro

---

[46] Koch, Hannes: Apple-Zulieferer in China bessern sich, in: Der Westen. URL: http://www.derwesten.de/wirtschaft/apple-zulieferer-in-china-bessern-sich-aimp-id8630751.html (Stand: 03.03.2014)

[47] N. N.: Fortschrittsbericht zur Verantwortung der Zulieferer, S. 6. URL: http://images.apple.com/de/supplierresponsibility/pdf/Apple_Supplier_Responsibility_2013_Progress_Report.pdf (Stand: 27.02.2014)

[48] ebd. S. 8

[49] vgl. ebd.

[50] ebd. S. 6

[51] ebd. S. 14

[52] ebd. S. 15

Woche arbeiten dürfen und dass alle 7 Tage mindestens ein Ruhetag zur Verfügung stehen soll. Im Jahr 2012 hielten 92% der Zulieferer diese Vorgaben ein und obendrein „[lag] die durchschnittliche Wochenarbeitszeit [...] bei weniger als 50 Stunden"[53].

Und auch beim Lohnniveau hat Apple angesetzt. Apple fordert seine Zulieferer auf, alle „Arbeiter für sämtliche [illegale] Lohnkürzungen und Lohnfehlbeträge zu entschädigen"[54]. Die Löhne bei Foxconn stiegen Mitte Februar 2012 um 16 bis 25 Prozent und man vereinbarte mit Apple neue Arbeitskräfte als Mittel gegen steigende Überstunden einzustellen[55]. Foxconn-Chef Terry Gou erklärte diesen Maßnahmen wie folgt: „Wir haben herausgefunden, dass [die Verbesserung der Arbeitsbedingungen] kein Kostenpunkt ist, sondern ein Wettbewerbsvorteil"[56]. Inzwischen bekommt ein Arbeiter bei Foxconn etwa 500 € für 70 Arbeitsstunden pro Monat, was für den Lebensunterhalt reicht und sogar noch um zu sparen.[57] Es lässt sich an diesem Punkt demzufolge festhalten, dass Apple sehr wohl von den schlechten Arbeitsbedingungen weiß und auch schon angefangen hat zu reagieren, um diese Missstände schnellst möglich zu verbessern. Apple möchte sich aber nicht auf den aktuell erreichten Verbesserungen ausruhen, sondern diese in Zukunft noch weiter optimieren[58]. Weitere Hintergründe sind nur zu erahnen, jedoch fürchtet sich Apple wahrscheinlich auch vor einem schlechten Ruf.

3.4.2 Verlagerung der Produktion zurück in die USA

Weiterhin hat Apple noch eine weitere Maßnahme ergriffen. Man hat einen Teil der Produktion wieder zurück in die USA verlegt. Dies heißt zwar nicht, dass zwangsläufig die komplette Produktion zurück in die USA geholt wird, jedoch ein Teil davon und dies aus unterschiedlichen Gründen.

---

[53] ebd. S. 30
[54] ebd. S. 31
[55] vgl. Knoke, Felix: Apple und Foxconn wollen Werksarbeiter entlasten, in: Spiegel Online. URL: http://www.spiegel.de/netzwelt/web/bessere-arbeitsbedingungen-bei-foxconn-a-832622.html (Stand: 03.03.2014)
[56] ebd. zitiert nach Gou, Terry
[57] Koch, Hannes: Apple-Zulieferer in China bessern sich, in: Der Westen. URL: http://www.derwesten.de/wirtschaft/apple-zulieferer-in-china-bessern-sich-aimp-id8630751.html (Stand: 03.03.2014)
[58] N. N.: Fortschrittsbericht zur Verantwortung der Zulieferer. URL: http://images.apple.com/de/supplierresponsibility/pdf/Apple_Supplier_Responsibility_2013_Progress_Report.pdf (Stand: 27.02.2014)

„Die Industrieproduktion ist globalisiert und wird es auch bleiben. Niemand von ökonomischem Verstand würde auch nur versuchen, daran etwas zu ändern."[59] Diese Aussage vom deutschen Journalisten Nikolaus Piper zeigt ein weiteres Mal die Bedeutung der Globalisierung auf und sagt aus, dass Apple niemals die komplette Produktion zurückverlegen wird, da dies ökonomisch komplett unsinnig wäre. Jedoch hat Apple „100 Millionen Dollar zu diesem Zweck [investiert]"[60]. Zum einen bemüht sich Apple „seit Jahren darum, wieder vermehrt in den Staaten zu produzieren [...] [,um] die verarbeitende Industrie in den USA wieder zu stärken."[61] Zwar nehmen die Lohnkosten so wieder etwas zu, jedoch steigen diese ebenfalls in China an, da China „nicht mehr einfach ein Billiglohnland [ist], sondern auch ein Hightech-Produzent und ein immer anspruchsvollerer Kunde [, wodurch] [...] die alten Industriestaaten neue Chancen [bekommen]"[62]. Dieses Prinzip, das Apple anwendet bezieht sich also nicht nur spezifisch auf die USA, sondern auf alle alten Industrieländer, wie zum Beispiel auch Deutschland oder Frankreich. Die Erwartungen der Öffentlichkeit sind eben, dass Apple „die Verantwortung hat, Jobs zu schaffen"[63], und zwar nicht nur im chinesischen Ausland, sondern „auch in den heimatlichen USA"[64].

Natürlich ist auch zu vermuten, dass Apple nebenbei sein leicht angekratztes Image wieder etwas aufpolieren möchte, dass durch die negativen Kritiken über die schlechten Arbeitsbedingungen etwas gelitten hat.

4. Fazit

Mit den herausgearbeiteten Ergebnissen dieser Arbeit lässt sich die anfangs aufgeworfene These, dass die Arbeitsbedingungen in den Fabriken der Apple-Produzenten schlecht sind, sehr gut beantworten. Sie sind nämlich schlecht. Es sind unwürdige Bedingungen, unter denen die Arbeiter die Macs, iPods, iPhones und iPads herstellen. Die Löhne sind für die Anzahl der Arbeitsstunden zu gering und reichen nicht zu einem menschenwürdigen Leben. Generell sind

---

[59] Piper, Nikolaus: Apple holt Jobs zurück, in: Süddeutsche Zeitung. URL: http://www.sueddeutsche.de/wirtschaft/industriejobs-apple-holt-jobs-zurueck-1.1545038 (Stand: 03.03.2014)
[60] ebd.
[61] N. N.: Apple will Mac-Computer wieder in den USA bauen, in: Spiegel Online. URL: http://www.spiegel.de/wirtschaft/unternehmen/apple-will-holt-mac-produktion-von-china-zurueck-in-usa-a-871473.html (Stand: 03.03.2014)
[62] Piper, Nikolaus: a.a.O.
[63] ebd. zitiert nach Cook, Tim
[64] ebd.

die Arbeitszeiten über dem Maximum des Erlaubten und auch über dem vorgeschriebenen Wert aus Apples' Verhaltenskodex, welcher maximal 60 Stunden pro Woche erlaubt. Allerdings ist dieser Verhaltenskodex auch die Grundlage für Verbesserungen. Aufgrund von negativen Kritiken an den Arbeitsbedingungen, die von internationalen Zivilgesellschaften, zum Beispiel China Labor Watch (CLW), oder den Medien ausgingen, setzte Apple die unabhängige Fair Labor Association (FLA) ein, um die Arbeitsbedingungen in den Fabriken zu überprüfen. Ohne die Recherchen der CLW oder Medien wären die schlechten Arbeitsbedingungen wahrscheinlich gar nicht erst an die Öffentlichkeit gelangt. Bei dieser Untersuchung kam man auch bei Apple zu dem Ergebnis, dass die Bedingungen für die Arbeiter inakzeptabel sind und man fasste den Entschluss, daran etwas ändern zu müssen. Auf Basis der Untersuchungsergebnisse formulierte die FLA Empfehlungen zur Verbesserung der Arbeitsbedingungen, welche Apple in Zusammenarbeit mit seinen Zulieferern und Produzenten stückweise umzusetzen versucht. Im Laufe der Zeit konnte man auch schon positive Teilergebnisse erzielen. Die durchschnittliche Arbeitszeit sank auf das ausgegebene Maximum, nämlich 60 Stunden pro Woche, und auch die Löhne stiegen um 16 bis 25 Prozent an. Diese Entwicklung bestätigt auch den zweiten Teil der am Anfang gestellten These, dass Apple Maßnahmen gegen diese Entwicklung vornimmt und das in Zukunft auch wei-ter tun wird. Darüber hinaus hat Apple auch einen kleinen Teil der Produktion zurück in die USA verlagert, jedoch mit der Begründung, die heimische Industrie damit stärken zu wollen.

Meiner Meinung nach sollte sich Apple noch stärker für die Rechte der chinesischen Arbeiter einsetzen. Apple trägt ja schließlich auch eine gewisse Verantwortung für die Arbeiter und verkauft seine Geräte mit einer riesigen Gewinnmarge, verfügt zudem über ein riesiges Barvermögen und es würde für das Unternehmen kein so großer finanzieller Schaden entstehen, wenn man das Lohnniveau der chinesischen Arbeiter anheben würde. Zusätzlich lassen sich die Kosten von Lohnsteigerungen ebenfalls mit den Produzenten teilen, die ebenfalls große finanzielle Möglichkeiten bieten können. So wäre man oben-drein auch noch ein Vorreiter der Branche, wenn es um die Verbesserung der Arbeitsbedingungen in den Fabriken geht. Das würde wahrscheinlich auch noch eine Verbesserung des Images von Apple nach sich ziehen, da man als Unternehmen dasteht, welches als erstes fairere Arbeitsbedingungen für seine Fabrikarbeiter bietet. Einer kompletten Verlagerung der Produktion zurück in die USA stehe ich jedoch kritisch gegenüber. Alles bis jetzt Erreichte würde zerschlagen werden und der Vielzahl an Arbeitern in den Fabriken würde ihre Lebensgrundlage entzogen werden. Dazu kommt, dass in den

Staaten riesige Fabriken neu errichtet werden müssen, was für Apple einen immensen finanziellen Aufwand darstellen würde. Man muss schließlich auch beachten, dass die chinesischen Fabriken, zum Beispiel von Foxconn oder Pegatron, auf dem neuesten Stand der Technik sind.

Letztendlich lässt sich sagen, dass sich mit jedem Jahr die Arbeitsbedingungen bessern, allerdings auch weiterhin noch viel getan werden muss.

5. Literaturverzeichnis

Schmundt, Hilmar/ Zand, Bernhard:

- Die dunkle Seite des Kults, in: Der Spiegel 31/2013

Koch, Hannes:

- Fragwürdige Arbeitsbedingungen - Apple und seine iPhone-Produktion in China, in: Der Westen. URL: http://www.derwesten.de/wirtschaft/fragwuerdige-arbeitsbedingungen-apple-und-seine-iphone-produktion-in-china-id7091292.html (Stand: 27.02.2014)

- Apple-Zulieferer in China bessern sich, in: Der Westen. URL: http://www.derwesten.de/wirtschaft/apple-zulieferer-in-china-bessern-sich-aimp-id8630751.html (Stand: 03.03.2014)

Knoke, Felix:

- Apple und Foxconn wollen Werksarbeiter entlasten, in: Spiegel Online. URL: http://www.spiegel.de/netzwelt/web/bessere-arbeitsbedingungen-bei-foxconn-a-832622.html (Stand: 03.03.2014)

N. N.:

- Apple on the Forbes World's Most Valuable Brands List, in: Forbes. URL: http://www.forbes.com/companies/apple/ (Stand: 16.02.2014)

- Apple will Mac-Computer wieder in den USA bauen, in: Spiegel Online. URL: http://www.spiegel.de/wirtschaft/unternehmen/apple-will-holt-mac-produktion-von-china-zurueck-in-usa-a-871473.html (Stand: 03.03.2014)

- Apple-Zulieferer: Drei weitere Selbstmorde, in: t-online. URL: http://www.t-online.de/wirtschaft/boerse/aktien/id_63457984/apple-zulieferer-foxconn-drei-weitere-selbstmorde-in-china.html (Stand: 28.02.2014)

- China Labor Watch: Europäische Behörden müssen bessere Arbeitsbedingungen in China durchsetzen; zitiert nach Slaten, Kevin, in: Heise Online URL: http//www.heise.de/ct/artikel/China-Labor-Watch-Europaeische-Behoerden-muessten-Arbeitsbedingungen-in-China-durchsetzen-2120953.html (Stand: 02.03.2014)

- Der Apple-Check, in: DasErste. URL: http://www.daserste.de/information/reportage-dokumentation/markencheck/sendungen/apple-100.html (Stand: 02.02.2014)

- Drei Foxconn-Mitarbeiter springen in den Tod, in: Focus Online. URL: http://www.focus.de/panorama/vermischtes/selbstmorde-bei-dem-apple-zulieferer-drei-foxconn-mitarbeiter-springen-in-den-tod_aid_994049.html (Stand: 28.02.2014)

- Fortschrittsbericht zur Verantwortung der Zulieferer, S. 17. URL: http://images.apple.com/de/supplierresponsibility/pdf/Apple_Supplier_Responsibility_2013_Progress_Report.pdf (Stand: 27.02.2014)

- iGenius - Wie Steve Jobs die Welt veränderte, in: N24, URL: https://www.youtube.com/watch?v=FzKLUGYnZUE (Stand: 28.02.2014)

- Nicht-Regierungsorganisationen (NGOs), in: bpb. URL: http://www.bpb.de/wissen/3UD6BP,0,0,NichtRegierungsorganisationen_(NGOs).html (Stand: 02.03.2014)

- Schlimmer als bei Apple-Zulieferer Foxconn, in: Zeit Online. URL: http://www.zeit.de/wirtschaft/unternehmen/2013-07/apple-pegatron-menschenrechte/komplettansicht (Stand: 27.02.2014)

- Supplier List 2014, URL: http://images.apple.com/supplier-responsibility/pdf/Apple_Supplier_List_2014.pdf (Stand: 06.03.2014)

Piper, Nikolaus:

- Apple holt Jobs zurück, in: Süddeutsche Zeitung. URL: http://www.sueddeutsche.de/wirtschaft/industriejobs-apple-holt-jobs-zurueck-1.1545038 (Stand: 03.03.2014)

Schild, Sascha:

- Pegatron: 15-jähriger Arbeiter stirbt nach iPhone 5c-Herstellung, in: Apfelpage. URL: http://www.apfelpage.de/2013/12/11/pegatron-15-jaehriger-arbeiter-stirbt-nach-iphone-5c-herstellung/ (Stand: 11.12.2013)

Storbeck, Olaf:

- Die Logik der iPhone-Ökonomie, in: Handelsblatt. URL: http://www.handelsblatt.com/politik/oekonomie/nachrichten/wirtschaftswissenschaften-die-logik-der-iphone-oekonomie/3828482.html (26.02.2014)

Wagner, Wieland:

- Der Fluch des iPhones, in: Spiegel Online. URL: http://www.spiegel.de/spiegel/a-748206.html (Stand: 13.11.2013)